UNIVERSITÉ DE FRANCE.

ACADÉMIE DE STRASBOURG.

ACTE PUBLIC
POUR LA LICENCE,

PRÉSENTÉ

A LA FACULTÉ DE DROIT DE STRASBOURG,

ET SOUTENU PUBLIQUEMENT

LE JEUDI, 22 JUILLET 1847, A MIDI,

PAR

STANISLAS CLAUDEL,

DE BOURG-SAINTE-MARIE (HAUTE-MARNE).

STRASBOURG,

IMPRIMERIE DE VEUVE BERGER-LEVRAULT, RUE DES JUIFS, 33.

1847.

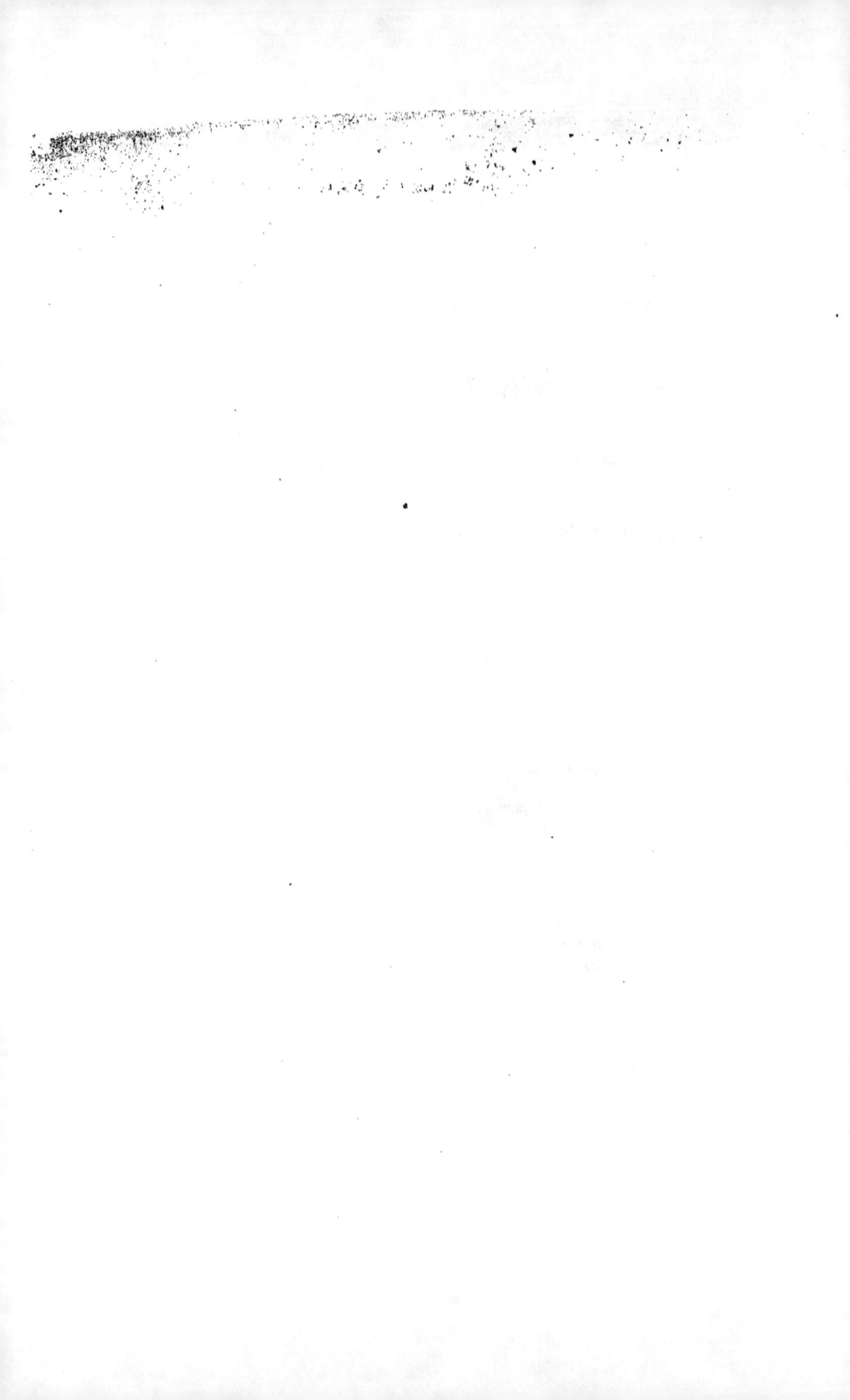

A MON PÈRE.

A LA MÉMOIRE DE MA MÈRE.

S. CLAUDEL.

FACULTÉ DE DROIT DE STRASBOURG.

PROFESSEURS.

MM. Rauter ✳, doyen . . . Procédure civile et Législation criminelle.
Hepp ✳ . . . . Droit des gens.
Heimburger . . . . Droit romain.
Thieriet ✳ . . . . Droit commercial.
Aubry ✳ . . . . Droit civil français.
Schutzenberger ✳ . . . . Droit administratif.
Rau . . . . Droit civil français.
Eschbach . . . . Droit civil français.

PROFESSEURS SUPPLÉANTS.

MM. Destrais, } professeurs suppléants.
Chauffour, }

MM. Kern O✳, doyen honoraire.
Blœchel ✳, professeur honoraire.

M. Pothier, secrétaire, agent comptable.

M. Heimburger, Président de l'acte.

Examinateurs MM. { Heimburger,
Thieriet ✳, } Professeurs.
Aubry ✳,
Destrais, Professeur suppléant.

La Faculté n'entend ni approuver ni désapprouver les opinions particulières au candidat.

JUS ROMANUM.

DE AUCTORITATE TUTORUM.

INGRESSUS.

Tutela est vis ac potestas in capite libero, ad tuendum eum qui propter aetatem se defendere nequit, jure civili data ac permissa.[1]

Constituitur tutela tribus modis : testamento, lege et magistratu. Inde dividitur in testamentariam, quæ ex ultima voluntate; in legitimam, quæ ex immediata legis dispositione; in dativam, quæ ex decreto magistratûs defertur.

Tres hæ tutelæ species ita se habent, ut testamentaria legitimam et dativam excludat, dativaque, modo deficientibus testamentaria et legitima, locum habere possit.[2]

Majores vigenti quinque annis omnia agere possunt negotia. Vigenti quinque annis minores sunt puberes vel impuberes. Pubertas in masculis quartodecimo anno, in feminis duodecimo incipit.[3]

Impuberes qui sui juris sunt sub tutelari potestate sunt et pupilli vocantur. Pupillus infans est, jure romano, usque ad septimum annum,

---

1. §. 1, Inst. de tutelis, t. 13.
2. L. II, pr. D. de testam. tutela.
3. Inst. proem., t. 22, quibus modis tut. finitur.

et nullum judicium habere videtur, ergo nihil agere potest et ejus nomine omnia agit tutor, qui tunc administrare dicitur. Pupillus, vero, infantiâ major, omnia potest agere præsente et consentiente tutore. Sic tutor auctoritatem interponere dicitur[1]. Est igitur tutoris auctoritas, ab augendo sic dicta, legitima adprobatio negotii quod a pupillo geritur, eum in finem, ut ipso jure valeat.

§. 1.

Quo modo tutor auctoritatem interponere debet.

Si tutor pupillo nolit auctor fieri non potest eum prætor cogere; semper enim volens ac sciens auctoritatem interponere debet.[2]

Auctor enim fit cum se probare dicit quod agitur, et quamvis non interrogatus sit valet ejus auctoritas.[3]

Nulla differentia est, non interveniat auctoritas tutoris, an perperam adhibeatur[4]. Tutor statim in ipso negotio præsens debet auctor fieri, si hoc pupillo prodesse existimaverit. Post tempus vero aut per epistolam, aut per internuncium, interposita auctoritas nihil agit.[5]

Etsi conditionalis contractus cum pupillo fiat, tutor debet pure auctor fieri; nam auctoritas non conditionaliter sed pure interponenda est, ut conditionalis contractus confirmetur.[6]

Si plures sint tutores, unius auctoritas sufficit, tamen si tutor auctoretur, cui administratio tutelæ concessa non est, id ratum a prætore haberi non debet.[7]

---

1. Heineccii Antiq. rom. sintagma : De auct. tut., §§. 1-9. Inst. de inutil. stipul., III, 19.
2. L. 17, D. de auct. tut.
3. L. 3, D. h. t.
4. L. 2, D. h. t.
5. §. 2, I. h. t. — L. 9, §. 5, D. h. t.
6. L. 8, D. h. t.
7. L. 4, D. h. t.

Tutoris auctoritas cum suppleat imperfectum pupilli judicium, ipse et pupillus unum et eundem efficere consensum, et quasi unam et eamdem constituere personam censentur. Hinc regula est juris civilis : tutorem non posse auctorem fieri in rem suam, id est, tutorem non posse auctoritatem interponere in negotio quod inter se et pupillum intercedat; ex quo consequitur : tutorem a pupillo emere non posse, nisi palam et bona fide, veluti sub hasta, vel auctoritate interveniente contutoris[1]. Si pater et filius, qui in potestate ejus fuit, tutores fuerint, et pater sit stipulatus filio auctore, nullius momenti erit stipulatio, id circo quia in rem patris filius auctor esse non potest.[2]

Si lis oriatur inter pupillum et tutorem, non prætorius tutor ut olim constituitur, sed curator in litem datur, quo interveniente judicium per agitur et eo peracto curator esse desinit.[3]

§. 2.

Quando necessaria est tutoris auctoritas.

Auctoritas tutoris necessaria est, quoties pupillus ipse aliquid gerit, quo deterior possit fieri ejus conditio. Meliorem enim facere conditionem pupillo licet, etiam sine tutoris auctoritate, quia defectus judicii et consensus in eo qui suam conditionem reddit meliorem, non censetur adesse.

Inde pupillus inscio tutore sibi stipulari donationem, vel remissionem accipere, ex quocumque titulo lucrativo acquirere, ut et possessionem prehendere potest.[4]

Minime vero illius est, sine auctoritate tutoris, donare, sua alienare, aut alio modo se obligare, vel hereditatem adire.[5]

---

1. L. 5. C. de auct. præst.
2. L. 7, §. 2, D. h. t.
3. §. 3, I. h. t.
4. L. 2, D. de acceptilat.
5. L. 5, §. 1, D. h. t. — L. 9, pr. D. h. t.

In bilateralibus contractibus, ex quibus obligationes mutuæ nascuntur, ut in emptionibus-venditionibus, locationibus-conductionibus, mandatis, dispositis, si tutoris auctoritas non interveniat, pupillus non tenetur, sed hic tamen iisdem alios cum quibus contrahit, potest habere obligatos. [1]

Unde in his negotiis contractus claudicare dicuntur.

In emendo tamen pupillus obligatur in quantum locupletior factus est. [2]

Obligationibus autem quæ quasi ex contractu nascuntur pupilli adstricti sunt.

---

1. Pr. I. h. t.
2. L. 5, §. 1, D. h. t.

DROIT CIVIL FRANÇAIS.

DU CONSEIL DE FAMILLE.

INTRODUCTION.

L'homme, à son enfance, est privé tout à la fois des forces physiques et des facultés intellectuelles, et quoique avec l'âge son corps se fortifie, que son intelligence se développe, néanmoins son inexpérience, ses passions naissantes l'exposent pendant de longues années encore à de sérieux dangers.

Alors même qu'il est parvenu à cette époque de son existence où la loi le suppose investi de la plénitude de ses facultés, souvent une maladie, un accident, des chagrins amers altèrent ou détruisent sa raison. Quelquefois un vice d'organisation le réduit à une incapacité perpétuelle. L'extrême vieillesse, en abolissant les forces du corps, en oblitérant les facultés de l'esprit, le rejette en enfance; d'autres fois encore, des passions désordonnées, des désirs sans frein, obscurcissent son entendement et le conduisent à la ruine.

Dans toutes ces positions l'homme a besoin d'un guide, d'un défenseur; il lui faut quelqu'un qui veille sur sa personne, qui administre ses biens. La sollicitude du législateur s'est étendue sur ces différentes espèces d'incapables: au mineur, à l'imbécille, à l'aliéné, au furieux, elle donne un tuteur, à l'émancipé un curateur, au prodigue un conseil judiciaire.

Mais les personnes qui sont appelées à remplir ces fonctions, peuvent abuser du pouvoir qui leur est conféré, compromettre les intérêts de l'incapable par leur incurie, les léser par des manœuvres frauduleuses.

Pour première garantie, la loi a déclaré les tuteurs responsables de leur administration ou du mandat qui leur est donné : mais mieux vaut prévenir le mal que d'être obligé de le réparer. Aussi, toutes les législations ont-elles soumis les tuteurs à une surveillance, à un contrôle; mais elles ont varié sur l'autorité qui devait exercer ce pouvoir : la surveillance qu'elles ont établie, a été plus ou moins rigoureuse.

En Droit romain, le contrôle de la tutelle se manifestait par l'intervention du magistrat dans l'aliénation des biens du mineur, par la nécessité de la confirmation de certains tuteurs et par l'action populaire en destitution.

Le Droit des Germains avait attribué la charge de tuteur et le contrôle de sa gestion aux parents de l'incapable.

D'après le Droit allemand actuel, le contrôle est confié, soit à la justice, soit à une autorité spéciale, nommée collége des pupilles.

Enfin, le Code civil a institué une assemblée de parents, appelée conseil de famille.

Nous allons examiner dans un premier chapitre la composition et le mode de convocation du conseil; dans le second nous traiterons de ses actes; le troisième, enfin, sera consacré à l'action en nullité, qui peut être dirigée contre les délibérations du conseil de famille.

CHAPITRE PREMIER.

COMPOSITION ET CONVOCATION DU CONSEIL DE FAMILLE.

§. 1.

Considérations générales.

Le conseil de famille est une assemblée de parents, d'alliés, et parfois d'amis, présidée par le juge de paix, qui est appelée à délibérer sur certaines affaires qui concernent, soit les biens, soit la personne des mineurs ou des interdits.

Les principales fonctions du conseil de famille consistent à nommer et à destituer le tuteur, dans les cas prévus par les lois, à surveiller sa gestion, à lui conférer l'autorisation nécessaire pour faire certains actes, enfin à donner son avis sur divers affaires de la tutelle. Le conseil de famille n'est pas revêtu d'un pouvoir judiciaire ou administratif; ce n'est pas un tribunal. Un tribunal donne à ses décisions le caractère d'actes émanant de la puissance publique, exécutoires par eux-mêmes; mais les décisions du conseil de famille ne deviennent exécutoires, pour la plupart, qu'après avoir été homologuées par le tribunal de première instance. S'il s'élève des difficultés sur l'exécution de ses actes ou sur sa composition, c'est la justice ordinaire qui est appelée à les trancher; et elle ne peut le faire qu'en premier ressort.

Il est aussi à remarquer que, si une première décision se trouvait par la suite contraire aux intérêts du mineur, le conseil pourrait délibérer une seconde fois sur le même objet, à la différence des tribunaux ordinaires, qui ne peuvent revenir sur leurs jugements.

Le conseil de famille ne constitue point un corps permanent; si dans l'intervalle d'une assemblée à l'autre il se trouve sur les lieux des parents ou alliés plus proches, ces parents doivent être appelés de préférence pour composer le conseil.

§. 2.

Composition du conseil de famille.

Les parents, alliés ou amis, appelés à la composition du conseil de famille, doivent être mâles, majeurs, et n'avoir point été exclus ou destitués d'une tutelle. Cependant on fait exception pour les ascendantes veuves et pour le père ou la mère, lesquels y sont toujours admis, quoique mineurs. Les membres du conseil sont, en général, au nombre de six et présidés par le juge de paix.

La loi a choisi ce nombre pour deux raisons :

1.° Afin que le conseil, se trouvant en nombre impair, y compris le juge de paix, ne fût point exposé à un partage d'opinions, qui paralyserait toute décision ; cependant, il n'est pas nécessaire qu'il soit toujours au complet ;

2.° Afin que l'on pût prendre les membres du conseil, moitié du côté paternel et moitié du côté maternel, et éviter par ce moyen l'influence d'une ligne sur l'autre. Les germains, étant parents dans les deux lignes, peuvent être rangés dans l'une ou l'autre ligne ; mais le nombre à fournir pour l'une des lignes, ne peut être complété au moyen des parents de l'autre.

Le juge de paix est président de droit de l'assemblée de famille ; ce n'est pas comme juge qu'il siége au conseil, c'est en sa qualité d'homme éclairé et impartial, offrant la responsabilité désirable pour garantir les intérêts des incapables. Très-souvent l'on voit les membres d'une même famille partagés par de violentes inimitiés ; il fallait donc un modérateur, un guide, un homme qui sût diriger les délibérations vers le bien de celui qu'il s'agit de protéger. La loi ne pouvait faire de meilleur choix qu'en donnant la présidence du conseil au juge de paix.

Si le juge de paix devait faire partie du conseil comme membre de la famille, pourrait-il présider ce conseil ? Non ; dans ce cas il devrait céder la présidence à son premier suppléant, et alors rien ne l'empêcherait de siéger comme parent.

Outre le juge de paix, membre nécessaire, président né du conseil de famille, le concours de six autres personnes choisies par ce juge, parmi les parents ou alliés du mineur, est encore indispensable. On n'appelle à ce conseil que les parents qui se trouvent sur les lieux, ou dans la distance de deux myriamètres (quatre lieues), afin de prévenir tout retard dans la réunion et d'épargner les frais de voyage, frais que le mineur doit rembourser à chaque membre.

Ces six personnes sont prises moitié dans la ligne paternelle et moitié dans la ligne maternelle : ces deux lignes doivent avoir une égale influence ; on ne peut substituer un parent d'une ligne à l'autre ; mail il peut arriver qu'il n'y ait des parents que dans une ligne, ou que dans l'autre leur nombre ne soit pas suffisant pour composer le conseil. Alors la loi laisse au juge de paix la faculté d'appeler des alliés, s'il y en a, et à leur défaut, des amis pour compléter le nombre des membres nécessaires dans cette ligne.

La loi veut que le parent soit préféré à l'allié au même degré, parce que les personnes unies à l'enfant par les liens du sang sont présumées avoir plus d'affection pour le mineur que celles qui n'ont qu'une parenté fictive. Par le même motif il faut choisir les parents ou alliés les plus proches, et toutes choses étant égales, le plus âgé exclut le plus jeune.

Le juge de paix peut ranger à son choix, dans l'une ou l'autre ligne, les parents qui appartiennent en même temps à toutes les deux. Observons que les parents ou alliés peuvent être appelés, bien qu'ils ne soient pas domiciliés dans la distance que la loi détermine. Il suffit qu'ils résident passagèrement dans le lieu où le conseil doit s'assembler.

A quelque distance que se trouvent les parents ou alliés les plus proches ou égaux en degré, le juge de paix peut les appeler, s'il pense que leur avis puisse être plus utile aux intérêts du mineur que celui des parents égaux en degré qui sont sur les lieux.

Mais le juge de paix n'aurait pas le droit d'appeler des parents d'un degré plus éloigné, ou un ami, pour le substituer à un parent ou à un allié domicilié dans le rayon de deux myriamètres. Il faut que les parents appelés soient plus proches ou tout au moins égaux en degré. Les parents plus proches, mais domiciliés hors du rayon déterminé, ne pourraient exiger qu'on les admît au conseil, à moins qu'ils n'offrissent de faire le voyage à leurs frais, et qu'il ne dût résulter de leur concours aucun retard préjudiciable pour le mineur.

Nous venons d'établir que le conseil de famille devait se composer de six personnes, non compris le juge de paix. Il y aurait nullité absolue des délibérations d'une assemblée de famille à laquelle six personnes n'auraient pas été appelées. Il en serait de même si, outre les six parents, des amis avaient pris part à la délibération.

La loi fait à l'égard des frères germains et des maris des sœurs germaines exception à cette règle. Elle leur donne le droit d'y assister quel que soit leur nombre.

Cependant, quant aux maris des sœurs germaines, il faut observer que, si la sœur était morte et qu'il ne restât pas d'enfant issu de ce mariage, alors l'affinité étant détruite, le mari ne devrait pas être appelé au conseil.

Si les frères germains ne sont pas au nombre de six, on appelle d'autres parents pour compléter ce nombre.

Sont adjoints au conseil de famille, mais plutôt par déférence que comme membres nécessaires, les ascendants valablement excusés de la tutelle légale et les ascendantes veuves. Par veuves ascendantes il faut entendre celles dont le mineur descend, et non les veuves des ascendants par alliance, et les secondes femmes des ascendants; car l'article 442 du Code civil dit que les femmes, si ce n'est la mère et les ascendantes, ne peuvent être membres des conseils de famille. Ces personnes sont libres d'assister ou non aux délibérations du conseil; leur présence n'empêche pas d'appeler les six membres qui doivent le composer.

Le conseil de famille d'un enfant naturel reconnu ne peut se composer de parents, puisque cet enfant n'a pas de famille. On doit choisir alors les membres du conseil parmi les personnes connues pour avoir eu des relations d'amitié avec le père ou la mère.

Quels seront les membres du conseil de famille d'un enfant naturel non reconnu ou trouvé sur la voie publique? Si cet enfant a été recueilli par une personne charitable, je crois que le juge de paix devra prendre pour former le conseil, les amis de cette personne. S'il a été placé dans un hospice, la loi du 15 pluviôse an XIII, art. 1.er, règle la composition du conseil. «Les enfants admis dans les hospices, à quelque titre et sous «quelque dénomination que ce soit, seront sous la tutelle des commissions «administratives de ces maisons, qui désigneront un de leurs membres «pour exercer, le cas advenant, les fonctions de tuteur, et les autres for- «meront le conseil de famille. »

La loi sur la régence du 3o août 1842 porte, art. 2 : « Que lorsque
« le roi est mineur, le prince le plus proche du trône, dans l'ordre de
« succession établi par la déclaration et la Charte de 1830, âgé de 21 ans
« accomplis, est investi de la régence pour toute la durée de la minorité.

§. 3.

Quelles personnes peuvent être membres du conseil de famille ?

La loi refuse à certaines personnes le droit d'être membre d'un conseil de famille. Il y en a qui sont incapables ; d'autres qui sont frappées
d'exclusion.

Les incapables sont celles qui ne peuvent être membres du conseil de
famille quand même elles le voudraient, quand même les autres parents
y consentiraient.

L'incapacité produit les mêmes résultats que l'exclusion ; mais il y a
cette différence que l'incapacité provient, ou de l'état de faiblesse de la
personne ou des relations qui existent entre elle et le mineur, tandis que
l'exclusion est fondée sur un défaut de moralité.

Sont incapables de prendre part aux délibérations du conseil de famille :

1.° Les mineurs, excepté le père et la mère qui, étant émancipés par le
mariage, ont le droit de faire tous les actes d'administration.

2.° Les interdits. On peut assimiler aux interdits ceux qui, pour faiblesse d'esprit, sont placés sous l'assistance d'un conseil judiciaire. (Code
civ., art. 499.)

3.° Les femmes, autres que la mère et les ascendantes.

Sont exclus du conseil de famille :

1.° Tous ceux qui ont, ou dont le père ou la mère ont avec celui dans
l'intérêt duquel le conseil est assemblé, un procès dans lequel l'état de
ce mineur, sa fortune ou une partie notable de ses biens sont compromis.
(Code civ., art. 442.)

Il aurait été dangereux d'admettre ces personnes au conseil de famille, parce que c'eût été les placer dans l'alternative d'opter entre leurs devoirs, leurs affections et leurs intérêts. La loi n'excepte pas même la mère du mineur. Cette incapacité existerait également si c'était l'enfant de ces personnes qui eût le procès avec le mineur, et par une raison au moins égale, si c'était le conjoint de ces personnes.

2.° Tous ceux qui sont personnellement intéressés à la décision de la question soumise à la délibération du conseil.

3.° Ceux qui ont été condamnés à une peine afflictive ou infamante. La loi les repousse parce qu'ils ne présentent plus aucune garantie morale. Cette cause d'exclusion est perpétuelle, à moins que le condamné n'ait été réhabilité. Cependant, le condamné peut, sur l'avis de la famille, après avoir subi sa peine, être chargé de la tutelle ou de la curatelle de ses propres enfants. (Code pén., art. 28 et 34.)

4.° Tous ceux qui ont attenté aux mœurs, et qui ont été condamnés pour avoir excité, favorisé ou facilité habituellement la débauche ou la corruption de la jeunesse de l'un ou de l'autre sexe, au-dessous de vingt et un ans. Cette exclusion ne dure que de deux à cinq ans, et si le délit a été commis par les père ou mère, par le tuteur ou par toute autre personne chargée de la surveillance du mineur, elle est prononcée pour dix ans au moins, et vingt ans au plus. (Code pén., art. 334 et 335.)

5.° Les tribunaux jugeant correctionnellement peuvent, dans certains cas déterminés, interdire au condamné l'exercice des droits de vote et de suffrage dans les assemblées de famille. (Code pénal, art. 42.)

6.° Les morts civilement. (Code civ., art. 25, al. 4.)

7.° Tous ceux qui ont été exclus ou destitués d'une tutelle.

La loi déclare l'individu qui a été exclu ou destitué d'une tutelle, incapable, non-seulement de faire partie du conseil de famille du mineur, mais encore d'un conseil de famille quelconque. Cette disposition me paraît trop absolue. Je pense, que celui qui aurait été exclu ou destitué d'une tutelle à raison d'un procès dans lequel la fortune, l'état ou les biens du mineur se trouveraient compromis, ne pourrait être membre du conseil de famille de ce mineur; mais rien ne s'opposerait à ce qu'il fît partie du conseil de famille d'un autre mineur.

Cette disposition ne s'applique, ni à la mère survivante qui s'est remariée sans convoquer le conseil de famille, et qui, par cela même, a perdu la tutelle, ni à la mère remariée, non maintenue dans la tutelle par le conseil de famille.

Les personnes d'une inconduite notoire, ne sont pas pour cela seul exclues du conseil de famille. (Arg., art. 445; Comb., art. 444.) Le mot inconduite est pris ici dans une double acception ; il s'applique non-seulement aux personnes qui manquent d'ordre dans leurs affaires, mais encore aux personnes dont les mœurs sont dissolues.

Que l'exclusion de la tutelle soit prononcée contre un homme d'une inconduite notoire, rien de plus juste ; le tuteur est chargé, non-seulement d'administrer les biens du mineur, mais encore de surveiller la conduite du pupille qui a son domicile chez lui. Sa moralité doit donc être telle, que le mineur ne puisse s'autoriser de son exemple, pour s'adonner au vice et au libertinage. Mais les membres du conseil de famille n'ont pas des fonctions aussi importantes que celles du tuteur : ils sont chargés de veiller à la bonne gestion des affaires du mineur, et d'empêcher que le tuteur ne commette des prévarications. Or, l'inconduite n'empêche pas de satisfaire au vœu de la loi. Le juge de paix, homme éclairé, devra s'abstenir d'appeler à l'assemblée de famille des membres qui, par leur inconduite, se rendraient indignes d'y siéger : mais la loi n'en prononce point l'exclusion.

Les membres qui composaient le conseil de famille, dont une délibération a été annulée, peuvent être appelés pour délibérer de nouveau sur la matière qui en faisait l'objet. (Ainsi jugé par la Cour royale de Paris, le 7 floréal an XIII.)

§. 4.

De la convocation du conseil de famille, et de la manière dont il doit délibérer.

Le droit de convoquer le conseil de famille n'appartient qu'au juge de paix. Cette convocation a lieu sur la réquisition, soit des parents du mineur, soit de ses créanciers ou autres personnes intéressées, soit même d'office par le juge de paix.

Voyons maintenant quel est le juge de paix compétent pour faire cette convocation. Le juge de paix compétent est celui du canton dans lequel le mineur a son domicile au moment où s'ouvre la tutelle.

Aux termes de l'article 108, le mineur a son domicile chez ses père et mère, ou chez son tuteur. Quand il y a lieu à la tutelle légitime, il n'y a nul doute que le juge de paix compétent ne soit celui du domicile de ces derniers. S'ils venaient à changer de domicile, ce ne sera pas le juge de paix qui, le premier a convoqué le conseil de famille, qui serait compétent, mais le juge du domicile réel. Dans le cas où il y a lieu à la tutelle dative, le conseil de famille doit toujours se réunir devant le juge de paix du lieu où la tutelle a été déférée pour la première fois. Si ce conseil devait suivre les divers domiciles que pourrait prendre le tuteur, il serait facile à ce dernier de se soustraire à la surveillance des parents, et de livrer le mineur à des conseils étrangers à sa personne et indifférents à ses intérêts.

Les officiers du ministère public, auxquels toute affaire concernant les mineurs doit être communiquée, n'ont pas le droit de requérir la convocation du conseil de famille ; mais, comme toute personne, ils peuvent, aux termes de l'article 406, dénoncer au juge de paix le fait qui donne ouverture à la tutelle.

Le délai pour comparaître, sera réglé par le juge de paix à jour fixe, mais de manière qu'il y ait entre la citation notifiée et le jour indiqué pour la réunion du conseil, un intervalle de trois jours au moins, et sans augmentation de délai à raison des distances, si toutes les parties citées résident dans la commune ou dans un rayon de deux myriamètres.

Toutes les fois que, parmi les parties citées, il s'en trouvera qui soient domiciliées au delà de cette distance, le délai sera augmenté d'un jour par trois myriamètres. (Code civ., art. 411.)

Les délais qui sont accordés pour comparaître doivent être francs; on ne compte, ni le jour de la notification, ni celui de la réunion.

Malgré les termes de la loi, il ne faut pas croire que l'on soit obligé de convoquer tous les parents par un acte d'huissier : ce moyen ne doit être employé qu'envers ceux dont la bonne volonté est douteuse. D'ailleurs, comme les frais tombent à la charge du mineur, on doit, autant que possible, les lui épargner. La convocation peut avoir lieu à l'amiable, soit verbalement, soit par lettre; mais alors le non-comparant n'encourt pas l'amende prononcée par l'article 415. La délibération prise en son absence, n'est pas valable.

Les parents et alliés ainsi convoqués, seront tenus de se rendre en personne, ou de se faire représenter par un mandataire spécial. (Code civ., art. 412.) Ce n'est que dans des cas très-graves, et quand les membres convoqués ne peuvent absolument se déplacer, que la loi leur permet de se faire représenter par un fondé de pouvoir. C'est l'affection présumée pour le mineur qui les constitue membres de cette assemblée; s'ils étaient étrangers ou indifférents, on ne leur eût pas confié cette mission de surveillance.

Toutefois s'il arrivait qu'un parent convoqué fût empêché par des obstacles invincibles de se rendre à la réunion, il pourrait se faire représenter par un mandataire. La loi n'exige pas que la procuration soit en forme authentique, un acte privé suffit, pourvu qu'il soit enregistré. Il n'est pas nécessaire que le mandat détermine le parti que le fondé de pouvoir prendra dans la délibération, relativement à l'objet sur lequel le conseil de famille est convoqué. Par exemple, s'il s'agit de nommer ou de destituer un tuteur, ou d'attaquer ses actes, je pense qu'on ne doit pas désigner dans la procuration le nom du tuteur que l'on entend choisir. Le pouvoir qui lui est donné, peut à cet égard être conçu en termes généraux.

Voici comment s'exprimait le consul Cambacerès, relativement au mandat :

« Loin d'autoriser l'usage abusif de ces procurations avec désignation,
« le législateur a voulu y mettre un terme; il a voulu que le fondé de
« pouvoir fût autorisé à voter, parce que c'est la délibération qui déter-
« mine le choix; parce que, d'ailleurs, si celui qui est nommé s'excuse,
« il importe qu'on le remplace aussitôt. (LOCRÉ, Esprit du Code civil,
« t. VI, p. 116.) »

Le fondé de pouvoir ne peut représenter plus d'une personne, autrement il pourrait arriver qu'un mandataire réunît les pouvoirs de tous ;
ce qui rendrait illusoire la disposition de la loi. Il est dans son esprit que
les membres du conseil se consultent; d'ailleurs, plus il y a de délibérants,
plus la délibération est mûrie et discutée.

Ceux que la loi exclut du conseil de famille, à raison d'une incapacité
personnelle, ne peuvent s'y présenter en qualité de fondés de pouvoir.

Tout parent, allié ou ami convoqué, et qui, sans excuse légitime,
ne comparaîtrait pas, encourt une amende qui ne peut excéder cinquante
francs, et qui est prononcée par le juge de paix, sans appel. (Code civ.,
art. 413.) En présentant des excuses suffisantes, les personnes convoquées
peuvent se faire décharger par le juge de paix de l'amende prononcée
contre elles. La question de la validité de l'excuse alléguée est aban-
donnée entièrement à l'appréciation du juge de paix; si elle est jugée
suffisante, et qu'il convienne, soit d'attendre le membre absent, soit de le
remplacer, le juge de paix pourra ajourner l'assemblée ou la proroger.
(Code civ., art. 414.)

Dans le cas d'ajournement une nouvelle convocation sera nécessaire
et une nouvelle citation devra être donnée. En cas de prorogation cela
est inutile, car les membres qui ont comparu sont suffisamment avertis
du jour et de l'heure de la nouvelle séance; on n'assignera de nouveau
que les membres qui n'ont pas comparu.

L'assemblée se tiendra de plein droit chez le juge de paix, à moins
qu'il n'ait désigné lui-même un autre local (Code civ., art. 415); les
séances ne sont point publiques. Il y aurait eu de graves inconvénients si l'on eût exigé la publicité pour ces assemblées. Que de fois

le mineur n'aurait-il pas eu à souffrir de la présence à ces délibérations de personnes étrangères, qui auraient pu connaître ainsi des secrets de famille, ou entendre les plaintes du tuteur sur la conduite du mineur.

La présence au moins des trois quarts des membres convoqués est nécessaire pour délibérer. (Code civ., art. 415.)

Dans les cas ordinaires où ce conseil est composé de six membres, comme on ne peut prendre exactement les trois quarts de six, pour qu'il puisse délibérer avec effet, il faut cinq membres présents, et six lorsque sept membres sont appelés à en faire partie par suite de la présence des frères germains ou des maris des sœurs germaines.

Le juge de paix ne doit pas être compté dans la supputation des trois quarts des membres dont la loi exige la présence. C'est en vue de prévenir toute méprise à cet égard, que le législateur a employé les mots, *la présence des membres convoqués.*

Le juge de paix en effet n'est pas convoqué; il est désigné par la loi comme devant présider le conseil de famille. (LOCRÉ, Législat. t. VI, p. 119; observations du Tribunat.)

Si l'un des membres présents refuse de prendre part à la délibération, on passe outre; car la loi n'exige pas que les trois quarts des membres délibèrent, mais seulement qu'ils soient présents : autrement toute délibération pourrait être entravée au grand préjudice du mineur.

Nul autre que le juge de paix ne doit présider une assemblée de famille. Les tribunaux ne peuvent sous prétexte de circonstances extraordinaires déléguer un de leurs membres pour présider le conseil en sa place. (Arrêt de la cour de Bordeaux, 6 messidor an XII; Jurisprudence du Code civil, t. II, p. 310.)

Le juge de paix n'a pas le droit d'assister au conseil de famille sans prendre part à la délibération; si une décision était prise en présence du juge de paix, mais sans qu'il ait participé au vote, elle serait nulle. (Arrêt de la cour de Bordeaux, 21 juillet 1808.)

Afin de n'être pas obligé, en cas de partage des voix, d'appeler de nouveaux membres à l'assemblée, et afin d'éviter tout retard dans la délibération, la loi donne au juge de paix voix prépondérante. Le partage s'entend ordinairement du cas où il se forme deux opinions, réunissant chacune un nombre égal de voix. Ainsi, supposons que le conseil ne soit composé que de cinq membres : que trois membres fussent d'une opinion, deux d'une autre, le juge de paix se prononçant pour ces derniers, il y aura partage égal des voix, mais celle du juge de paix étant prépondérante fera prévaloir la seconde opinion. Dans le cas où toutes les voix se seraient isolées pour former chacune un avis à part, celui du juge de paix devrait prévaloir. (Argument., art. 416, Code civil.)

Examinons maintenant quelle est la majorité à laquelle doivent être prises les décisions du conseil de famille; est-ce la majorité relative ou la majorité absolue.

MM. Duranton et Delvincourt exigent en général la majorité absolue; c'est-à-dire la moitié des votes plus un, à moins qu'ils ne soient partagés en nombre égal, seul cas auquel ils accordent voix prépondérante au juge de paix. Cette majorité que demandent ces auteurs, aucun texte ne l'exige; nous ne devons pas nous montrer plus sévères que la loi. Je pense que l'opinion de plusieurs auteurs recommandables, qui n'exigent que la pluralité relative des voix, doit être adoptée. En effet, si le législateur eût voulu que la délibération ne pût être prise qu'à la majorité absolue des suffrages, il eût exprimé cette condition.

« La condition de la majorité absolue n'étant pas nécessaire pour les actes d'administration d'un grand intérêt, puisqu'alors la délibération doit être homologuée, et que le juge dans ce cas doit s'attacher plus aux motifs qu'au nombre de voix, elle avait de grands inconvénients dans les nominations : car si la majorité absolue ne se fût pas formée, le pupille serait resté sans tuteur. » (Locré, Esprit du Code civ., t. vi, p. 120.)

Aux termes de l'article 883 du Code de procédure civile, toutes les fois que les délibérations ne sont pas unanimes, l'avis de chaque membre doit être mentionné dans le procès-verbal, mais la loi n'exige pas qu'il soit motivé. Toutefois, lorsqu'il s'agit d'exclusion ou de destitution d'un tuteur, l'article 447 veut que la délibération du conseil de famille soit motivée, qu'elle soit prise ou non à l'unanimité; car la loi ne distingue pas.

Quoique le conseil de famille n'ait aucune juridiction, il a cependant le droit de prendre toutes les mesures et de recourir à toutes les informations nécessaires, pour délibérer en connaissance de cause. (ZACHARIÆ, tome I.er, §. 94.)

CHAPITRE II.

DES ACTES DU CONSEIL DE FAMILLE.

§. 1.er

Des avis du conseil de famille.

On peut diviser les actes du conseil de famille en avis et en délibérations. Quelquefois la justice, appelée à décider dans une affaire de famille, ordonne une réunion de l'assemblée des parents, à l'effet d'obtenir des éclaircissements sur la matière en litige. Dans ces circonstances, le conseil donne des avis, que la justice suit ou néglige, selon qu'elle le juge à propos.

Le tribunal a la faculté de requérir les avis du conseil de famille dans les cas suivants :

1.º Sur une demande en rectification d'un acte de l'état civil. (Code civ., art. 856.)

2.º Sur une demande en déclaration d'absence.

3.º Sur une demande en séparation de corps, pour savoir auquel des deux époux les enfants devront être confiés.

4.º En matière de tutelle en différentes circonstances.

Le tribunal doit demander l'avis du conseil de famille, savoir :

1.º Sur l'état de celui dont l'interdiction est demandée. (Art. 494 du Code civ., et 892 du Code de procéd.)

2.º Sur l'état des prodigues et des faibles d'esprit, contre lesquels on provoque la nomination d'un conseil judicaire. (Code civ., art. 514.)

3.° Avant de donner main levée de l'interdiction ou du jugement qui a nommé un conseil judiciaire.

4.° Avant d'accorder la réduction de l'hypothèque légale, demandée conformément à l'article 2143.

§. 2.

Des délibérations du conseil de famille.

On appelle délibérations, les actes par lesquels le conseil de famille prend ou ordonne directement une mesure quelconque. Les délibérations comprennent principalement les nominations et destitutions des tuteurs et subrogés tuteurs, et les autorisations dont le tuteur a besoin pour sa gestion. Ainsi le conseil de famille pourvoit à la tutelle du mineur non émancipé, lorsque les père et mère sont décédés et qu'il n'y a point de tuteur choisi par eux, ou bien que le tuteur testamentaire est exclu ou valablement excusé. (Code civ., art. 405.) Il nomme un protuteur au mineur domicilié en France, qui possède des biens dans les colonies (Code civ., art. 417); un tuteur au majeur interdit pour démence, imbécillité ou fureur. (Code civ., art. 505.)

Si la mère tutrice se remarie, et qu'elle ne soit pas maintenue dans la tutelle, c'est le conseil de famille qui est appelé à nommer le nouveau tuteur. Le tuteur choisi par la mère remariée et maintenue dans la tutelle, doit être confirmé par lui.

Si en cas de tutelle légitime il y a concurrence entre deux bisaïeuls de la ligne maternelle, la nomination est faite par le conseil de famille qui ne peut choisir que l'un de ces deux ascendants. (Code civ., art. 404.)

Six mois après la disparition du père, si la mère était décédée lors de la disparition, ou si elle vient à décéder avant que l'absence du père ait été déclarée, la surveillance des enfants doit être déférée par le conseil de famille aux ascendants les plus proches; et à leur défaut à un tuteur provisoire. (Code civ., art. 142.)

Il en est de même dans le cas où l'époux absent laisse des enfants mineurs issus d'un mariage précédent. (Code civ., art. 143.)

Lorsque le tuteur excusé redemande la tutelle ou que le nouveau demande sa décharge, le conseil peut la rendre au premier. (Code civ., art. 431.) Il délibère pour savoir s'il convient de le rendre au père ou à la mère, dans les cas des articles 28 et 42, n.° 6, Code pénal. Il consent au contrat de tutelle officieuse, nomme un tuteur *ad hoc* à l'enfant désavoué (Code civ., art. 318), et à chacun des mineurs qui auraient des intérêts opposés dans un partage. (Code civ., art. 838, et 968 Code de proc.)

Dans toute tutelle un subrogé tuteur est nommé par le conseil de famille (Code civ., art. 420). Lorsque la veuve est enceinte, le conseil nomme un curateur au ventre (Code civ., art. 393); il donne un curateur au mineur émancipé (Code civ., art. 480); il en nomme un au condamné aux travaux forcés, à temps ou à la réclusion (Code pénal, art. 29), au sourd et muet qui ne sait pas écrire, pour accepter une donation (Code civ., art. 936). En cas de séparation de corps des père et mère, il vote sur le choix de celui d'entre eux à qui les enfants doivent être confiés.

Toutes les fois qu'il y a lieu à la destitution d'un tuteur, elle est prononcée par le conseil de famille, convoqué à la diligence du subrogé tuteur ou d'office par le juge de paix. (Code civ., art. 446.)

Le conseil de famille donne son consentement au mariage du mineur dans le cas de l'article 160 du Code civil; il autorise le tuteur à former opposition au mariage du mineur (Code civ., art. 175); il règle, par aperçu et selon l'importance des biens régis, la somme à laquelle pourra s'élever la dépense annuelle du mineur, ainsi que celle d'administration de ses biens; la somme à laquelle commencera pour le tuteur l'obligation de faire emploi de l'excédant des revenus sur la dépense (Code civil, art. 454 et 455). Il autorise le subrogé tuteur à passer bail au tuteur des biens du mineur; le tuteur, à emprunter, aliéner, hypothéquer.

Le conseil de famille autorise le tuteur à répudier ou accepter une succession ou une donation; à intenter une action immobilière, à y acquiescer ou à former une demande en partage (Code civ., art. 464 et 465); à transiger au nom du mineur (Code civ., art. 467); à exercer les

moyens de correction que la mauvaise conduite du mineur peut néces-
siter (Code civ., art. 468); il décide si le mineur doit être émancipé.
(Code civ., art. 485.)

Enfin, il a le droit, lors de la nomination du tuteur, de restreindre
sur sa demande l'hypothèque légale dont ses biens sont frappés au profit
du mineur. (Code civ., art. 2141.)

§. 3.

De l'homologation des actes du conseil de famille.

Les délibérations prises par le conseil de famille, sous la présidence
du juge de paix, sont exécutoires ou par elles-mêmes ou après avoir
été homologuées.

Homologuer vient du grec ὁμολογεῖν, qui veut dire, tenir le même
langage, consentir. L'homologation est donc le jugement qui approuve
ou confirme le contenu d'un acte, et en ordonne l'exécution.

L'homologation est donnée dans les formes suivantes : une expédition
de la délibération, avec requête à fins d'homologation, est présentée au
président du tribunal du lieu où le conseil de famille s'est assemblé. Le
président rend une ordonnance qui prescrit la communication au ministère public, et commet un juge pour faire le rapport à jour indiqué
(Code de proc., art. 885). Le procureur du roi donne ses conclusions
au bas de l'ordonnance, et le juge commis fait son rapport; enfin, le
tribunal statue à la chambre du conseil. La publicité peut être utile dans
les contestations; mais dans les homologations elle aurait l'inconvénient
de dévoiler la situation du mineur qu'il serait quelquefois dangereux de
faire connaître. Le jugement d'homologation est mis à la suite des
conclusions du procureur du roi et sur le même cahier. Il est permis
aux membres du conseil de famille de s'opposer à l'homologation. Ils
devront le déclarer par un acte extrajudiciaire à la personne chargée de
la poursuite; celle-ci doit alors assigner l'opposant devant le tribunal,
pour que le tribunal apprécie les motifs de l'opposition. Si le contestant

n'a pas été appelé, il peut former opposition au jugement qui a prononcé l'homologation, et cette opposition est recevable tant que le jugement n'a pas été exécuté.

Les principaux actes du conseil de famille soumis à l'homologation sont :

1.º La délibération qui prononce l'exclusion ou la destitution d'un tuteur, lorsque celui-ci réclame contre cette décision. (Code civ., art. 448.)

2.º Celle qui autorise le tuteur ou le curateur à aliéner ou à hypothéquer les immeubles des incapables, et à contracter des emprunts pour leur compte.

3.º Celle qui autorise une transaction. (Code civ., art. 467.)

4.º Celle par laquelle le conseil de famille règle les conventions matrimoniales des enfants d'un interdit. (Code civ., art. 511.)

L'homologation est poursuivie par le tuteur ou par le subrogé tuteur (Code civ., art. 448), ou, enfin, par un membre du conseil de famille.

CHAPITRE III

DU DROIT D'ATTAQUER LES DÉLIBÉRATIONS DU CONSEIL DE FAMILLE.

§. 1.

Des personnes qui peuvent demander la nullité des actes du conseil de famille, et des motifs pour lesquels elle peut être prononcée.

Toute disposition législative doit avoir une sanction. En Droit criminel, cette sanction consiste dans la peine qui est édictée contre le coupable; en matière civile, dans la nullité des actes qui violent les prescriptions de la loi. Cette nullité peut être, ou textuelle ou virtuelle; mais il faut remarquer que les actes, entachés d'une pareille nullité, même ceux déclarés nuls de plein droit, produisent, en général, tous leurs effets, tant que la nullité n'a pas été prononcée.

Examinons d'abord quelles sont les personnes qui ont le droit de demander l'annulation des actes du conseil de famille. Ce sont :

1.° Le tuteur, le subrogé tuteur, le curateur, les membres du conseil, qu'ils aient assisté ou non à la réunion, et alors même qu'ils auraient acquiescé à la décision prise par le conseil.

2.° Ceux des parents qui auraient dû être appelés et qui ne l'ont pas été.

3.° Les personnes qui éprouvent un préjudice par suite de la décision du conseil de famille, par exemple, le tuteur. (Code civ., art. 448.)

4.° L'incapable exclu ou destitué d'une tutelle à la cessation de son incapacité; mais il ne peut attaquer que les actes entachés d'un vice de forme et non ceux qui sont réguliers, quoiqu'ils aient eu pour conséquence de léser ses intérêts. (Code civ., art. 1314.)

Les actes du conseil de famille peuvent être attaqués par voie de nullité dans les cas suivants :

1.° Lorsque les règles relatives à l'organisation du conseil de famille ou au mode de ses délibérations n'ont pas été observées.

Cependant cette règle n'est pas absolue, et une délibération ne devra être annulée par les tribunaux qu'autant que la violation des prescriptions de la loi aurait porté préjudice à celui dans l'intérêt duquel elle a été prise. Toutefois certaines dispositions de la loi se rapportant à l'organisation du conseil de famille sont d'intérêt public, et leur violation rend les délibérations annulables. Telles sont les dispositions qui fixent le nombre des membres qui doivent composer le conseil et qui déterminent la compétence du juge de paix.

2.° Lorsqu'ils sont contraires aux intérêts du mineur, peu importe qu'ils aient été pris à l'unanimité ou à la simple majorité.

3.° Lorsqu'ils lèsent les intérêts des tiers. (Code civ., art. 448.)

4.° Quand ils sont la suite d'un dol, d'une violence, ou d'une erreur, ou quand leur objet est illicite.

§. 2.

Comment et contre quelles personnes la demande en nullité doit être intentée?

L'action en nullité, dirigée contre les actes du conseil de famille, doit être portée devant le tribunal de première instance, dans le ressort duquel a été tenue l'assemblée de famille.

Cette nullité peut être proposée par voie d'action ou par voie d'exception. Cette demande est dispensée du préliminaire de conciliation (Code de procéd., art. 49 et 883), le ministère public doit donner ses conclusions (Code de procéd., art. 884); elle est jugée sommairement.

L'appel contre un jugement qui a prononcé sur une demande en nullité de délibération du conseil de famille est recevable alors même que l'objet de la délibération est dans les limites de la compétence en dernier ressort du tribunal. (Code de procéd., art. 889.)

Lorsque l'acte attaqué est nul en la forme, l'action doit être dirigée contre tous les membres de l'assemblée, qu'ils aient été ou non de l'avis qui a été adopté. Mais lorsque l'acte est régulier en la forme et qu'il renferme une nullité de fond, par exemple, s'il lèse les intérêts de l'incapable, l'action en nullité ne doit être dirigée que contre ceux qui ont voté pour l'opinion adoptée par la délibération. (Code de procéd., art. 883.)

Le tuteur qui attaque la délibération qui l'a exclu ou destitué de la tutelle doit, par exception, former sa demande contre le subrogé tuteur.

L'on ne saurait prétendre que l'art. 448 du Code civil, qui prescrit cette marche, doive être considéré comme abrogé par l'art. 883 du Code de procéd., al. 2; car une loi spéciale ne peut être abrogée par une loi générale. (ZACH., t. I, §. 96.)

Le juge de paix ne peut jamais être appelé en cause.

§. 3.

De l'effet de la nullité prononcée et de la durée de l'action en nullité.

L'acte du conseil de famille dont la nullité a été prononcée est considéré comme n'ayant jamais existé : *quod nullum est, nullum producit effectum.*

Le jugement qui a prononcé la nullité a un effet rétroactif au jour où l'acte a été fait. Il suit de là que les aliénations d'un immeuble acquis de l'incapable, consenties à des tiers, sont résolues, quand la délibération du conseil de famille qui a autorisé l'aliénation vient à être annulée, et cet immeuble retourne à l'incapable franc et quitte des charges dont il a été grevé par les divers acquéreurs. (Art. 2125, Code civ.)

L'action en nullité contre les actes du conseil de famille peut s'éteindre par la confirmation ou par la prescription. Ces actes peuvent être attaqués pendant dix ans, aux termes de l'art. 1304 du Code civil, et cette prescription court du jour où l'incapable est sorti de son incapacité.

Par voie d'exception la nullité des actes du conseil de famille peut être proposée tant que ces actes n'ont pas reçu leur exécution, en vertu de la maxime : *quæ temporalia sunt ad agendum, sunt perpetua ad excipiendum.*

Les membres du conseil de famille ne sont soumis à aucune espèce de responsabilité à raison des délibérations auxquelles ils ont concouru. Cette règle ne reçoit d'exception que dans le cas où ils se seraient rendus coupables de dol.

DROIT ADMINISTRATIF.

DE LA JURIDICTION DU CONSEIL D'ÉTAT COMME COUR D'APPEL ADMINISTRATIVE.

C'est un principe de notre Droit public que toute justice émane du Roi. (Art. 48 de la Charte.)

Mais le pouvoir royal exerce d'une manière complexe la prérogative de rendre la justice ; il l'exerce, ou par délégation, c'est-à-dire par des fonctionnaires de l'ordre judiciaire qui sont indépendants de lui, soit par leur inamovibilité, soit en ce qu'il n'a pas de contrôle sur leurs décisions et n'en peut empêcher l'exécution, ou, comme l'ayant retenue, c'est-à-dire par des fonctionnaires de l'ordre administratif, qui sont dépendants de lui par l'amovibilité ou dont il peut rendre sans effet les décisions, en leur refusant sa sanction. De là la division en justice déléguée et justice retenue.

A la première appartient l'ordre judiciaire proprement dit : il comprend les juges de paix, les tribunaux de première instance et ceux de commerce, les cours royales, les juridictions criminelles et la cour de cassation. Il faut, à cette énumération, encore ajouter la cour des comptes, dont les membres sont inamovibles et dont les décisions ont toute l'autorité et tous les effets des jugements.

A la seconde appartiennent certains fonctionnaires et certains corps de l'ordre administratif, comme les ministres, les préfets, les conseils de préfecture, quelques commissions, enfin le Conseil d'État.

De même que les jugements rendus en tribunal de première instance sont sujets à être portés devant un tribunal supérieur, qui est la cour royale, de même les décisions rendues par les ministres, préfets, conseils de préfecture peuvent être portées devant un tribunal, qui est au-dessus de tous les juges administratifs, c'est le Conseil d'État, qui est à la fois conseil du gouvernement et juge du contentieux administratif. [1]

Nous allons examiner dans quels cas les affaires administratives sont susceptibles de deux degrés de juridiction, et quand, par conséquent, elles doivent être portées devant le Conseil d'État.

1.° Il y a recours au Conseil d'État, contre les ordonnances royales lorsqu'elles donnent lieu à une réclamation qui prend le caractère de contentieux administratif; lorsque ces ordonnances, ayant prononcé sur un litige du contentieux administratif ont été rendues par défaut. (Règlement du 22 juillet 1806, art. 29.)

2.° Le Conseil d'État connaît en appel de toutes les contestations ou demandes relatives, soit aux marchés avec les ministres, avec l'intendant de la maison du Roi, ou en leur nom, soit aux travaux ou fournitures faits pour le service de leurs départements respectifs, pour le service personnel du Roi ou de ses ministres. (Décret du 11 juin 1806.)

3.° Il connaît en particulier des difficultés sur la question de savoir si, par sa population, une ville ou un bourg doit être sujet aux droits d'entrée, ou s'il doit être rangé dans telle autre des classes déterminées par la loi du 25 novembre 1808; il connaît de la réclamation de la commune sur cet objet. (Décret du 21 décembre 1808, art. 8.)

4.° Du recours des militaires, de leurs femmes et de leurs enfants

---

1. Le Conseil d'État, même en matière contentieuse, ne donne qu'un avis et ne rend pas de jugement. Cet avis ne devient obligatoire que lorsque la sanction royale l'a converti en ordonnance. (Art. 24 de la loi du 15 juillet 1845, sur l'organisation du Conseil d'État.)

contre les décisions du ministre de la guerre, relatives à la retenue sur les pensions et soldes de retraite, dans les cas prévus par l'arrêté du 7 thermidor an x. (Avis du Conseil d'État du 22 décembre 1807, approuvé le 11 janvier 1808.)

5.° L'appel de tous les arrêtés rendus par les conseils de préfecture en matière contentieuse, se porte devant le Roi en Conseil d'État, à l'exception des arrêtés rendus sur la comptabilité des communes, des hospices et des établissements de bienfaisance, dont l'appel se porte devant la cour des comptes.

6.° L'appel des arrêtés des préfets, rendus en conseil de préfecture, se porte également devant le Conseil d'État.

Il en est de même des arrêtés des préfets, contre lesquels cette voie de recours a été formellement établie par la loi.

Tous les autres arrêtés des préfets, qui seraient empreints du caractère de la juridiction contentieuse, doivent être d'abord déférés au ministre que la matière concerne, sauf contre la décision à rendre par le ministre un recours ultérieur devant le Conseil d'État par la voie contentieuse.

Il y a toutefois exception à cette dernière règle dans le cas où les arrêtés du préfet sont argués d'excès de pouvoir et d'incompétence; il est loisible aux parties lésées de recourir, soit au Conseil d'État directement, soit au ministre compétent.

7.° L'appel des décisions prises par les ministres en matière contentieuse se porte également devant le roi en Conseil d'État.

8.° L'appel des décisions des maires se porte, en matière de courses de chevaux, devant les préfets, sauf recours ultérieur au Conseil d'État.

En matière de police de roulage, devant le conseil de préfecture; puis, enfin, devant le Conseil d'État.

En matière de voirie et en cas de péril imminent, devant le préfet; puis, devant le ministre, et, enfin, devant le Conseil d'État.

En matière de contributions indirectes, devant le préfet en conseil de préfecture, et enfin, devant le Conseil d'État.

En matière d'élections municipales, devant le préfet, devant le ministre, et enfin, devant le Conseil d'État.

En matière de logement des gens de guerre, devant le préfet, devant le ministre, et enfin, devant le Conseil d'État.

9.° L'appel des décisions des sous-préfets se porte :

En matière d'octroi de navigation, devant le préfet en conseil de préfecture, sauf recours au Conseil d'État.

En matière de recrutement de l'armée, devant le conseil de révision; en matière de grande voirie, au préfet, quant au provisoire, et pour le définitif, devant le conseil de préfecture, et enfin, devant le Conseil d'État.

10.° L'appel des décisions du Conseil royal d'instruction publique lorsqu'elles sont rendues, en matière du contentieux administratif des académies et des écoles, se porte devant le Conseil d'État.

11.° En matière des prises maritimes, l'appel de tous les jugements des commissions se porte au Conseil d'État, qui remplace aujourd'hui le Conseil des prises.

12.° Tous les arrêtés des commissions spéciales de travaux publics sont sujets à l'appel devant le Conseil d'État.

13.° L'appel des décisions des Conseils privés ou d'administration des colonies se porte encore devant le Conseil d'État.

14.° Il y a recours au Conseil d'État en matière d'opposition à l'établissement de manufactures insalubres. (Décret du 15 octobre 1810.)

15.° Il y a recours au Conseil d'État contre les décisions des évêques, intervenues sur les réclamations d'une ou plusieurs sœurs d'une association religieuse de femmes, contre les actes d'autorité de la supérieure ou du conseil, ou contre des élections ou autres actes capitulaires, après que le ministre de la justice et des cultes aura donné son avis.

16.° Il y a recours au Conseil d'État contre les décisions des commissions départementales, instituées par la loi des finances du 28 avril 1816.

17.° On recourt directement au Conseil d'État contre les décisions des commissions de desséchement, dans les matières dont la connaissance leur est attribuée par la loi. (Loi du 16 septembre 1807, titre X; loi du 25 avril, 25 mai 1791, art. 17.)

Le recours au Conseil d'État est ouvert contre les décisions interlo-
cutoires ou définitives. Quant aux décisions préparatoires, on ne peut
en appeler à part, mais seulement après l'arrêté définitif. L'appel des
arrêtés par défaut n'est pas reçu; la voie de l'opposition étant ouverte
jusqu'à l'exécution, doit d'abord être épuisée. Les décisions contradic-
toires doivent être notifiées, par acte d'huissier, à la partie condamnée,
pour faire courir le délai du recours au Conseil d'État. Ce délai est de
trois mois. (Décret du 22 juillet 1806, art. 11.)

Le mode de notification a donné lieu à des difficultés que la jurisprudence a résolue par une distinction. Toutes les décisions rendues
entre particuliers et corporations doivent être notifiées par le ministère
d'un huissier; mais lorsqu'il s'agit d'une décision rendue par les ministres
au profit de l'État, la notification administrative par lettres des ministres,
des préfets ou autres agents délégués pour cet objet, suffit pour faire
courir contre les parties que cette décision condamne, le délai de
déchéance. M. DE CORMENIN critique avec raison cette jurisprudence.

Les décisions rendues par le Conseil d'État en matière contentieuse,
et revêtues de la forme des ordonnances royales, ont tout l'effet des
jugements rendus par les tribunaux ordinaires. Il suit de là que, comme
eux, ils emportent contrainte par corps et hypothèque.

FIN.

www.ingramcontent.com/pod-product-compliance
Lightning Source LLC
Chambersburg PA
CBHW060521210326
41520CB00015B/4259